Georg Schneider

Unter dem Schutz des Höchsten

Texte
für die zweite Lebenshälfte

Sonnenweg-Verlag

ABCteam

Bücher, die dieses Zeichen tragen, wollen die Botschaft von Jesus Christus in unserer Zeit bezeugen.

ABCteam-Bücher erscheinen in folgenden Verlagen:
Aussaat- und Schriftenmissions-Verlag Neukirchen-Vluyn
R. Brockhaus Verlag Wuppertal
Brunnen Verlag Gießen (und Brunnquell Verlag)
Christliches Verlagshaus Stuttgart (und Evangelischer Missionsverlag)
Christliche Verlagsanstalt Konstanz (und Friedrich Bahn Verlag/Sonnenweg-Verlag)
Oncken Verlag Wuppertal

Quellenangaben: Die Gedichtstrophen S. 6, 24, 27, 32 sind aus der Gedichtsammlung des Autors „Herrliche Schöpfung", Verlag der St.-Johannis-Druckerei, Lahr, 1986, S. 16.43, 64.14.
Titelfoto: Heinz Finke, Blick ins Sernftal zum Glärnisch

CIP-Kurztitelaufnahme der Deutschen Bibliothek

Schneider, Georg:
Unter dem Schutz des Höchsten:
Texte für die zweiteLebenshälfte /
Georg Schneider. — Konstanz: Sonnenweg-Verlag, 1987.
ISBN 3-7975-0355-5

© Sonnenweg-Verlag, D-7750 Konstanz, 1987
Titelgestaltung: Hans Hug, Stuttgart
Satz und Druck: Jacob-Druck, Konstanz
Bindearbeiten: CVD-Buchbinderei, Konstanz
Printed in Germany
ISBN 3-7975-0355-5

Inhalt

	Seite
Zum Geleit	5
Der Herbstbaum	7
Erinnerungen	8
Der Prozeß des Alterns	10
Krank	12
Die Schuld	14
Gebet	16
Jesus	18
Der Abend	21
Du liebst den Tag (Gedicht)	24
Im Altenheim	24
Daß uns, o Vater (Gedicht)	27
Das Leben wird kostbarer	27
Gereift	28
Ohne Furcht	29
Ein Herbsttag	30
Und nimmer werden wir dich ganz begreifen (Gedicht)	32

***D**ie Barmherzigkeit Gottes
ist wie der Himmel,
der stets über uns fest bleibt.*

*Unter diesem Dach
sind wir sicher,
wo auch immer wir sind.*
                        Martin Luther

Zum Geleit

Mit diesen Texten will der Verfasser zeigen, daß das Altsein, wie jede andere Lebensphase, von Gott gewollt ist und darum kein Grund besteht, sich zu fürchten.

Als wir jung waren, sahen wir im Älterwerden einen Vorgang, der, weil er immer näher zum Lebensende führt, nur traurig und ohne Hoffnung sein könne. Im Abschluß des diesseitigen Lebens sahen wir eine sehr zu fürchtende Tatsache. Von dieser Warte aus konnten wir natürlich noch nicht weitersehen, konnten uns deshalb nicht vorstellen, daß auch der Herbst und Winter des Lebens unbestreitbar gute und schöne Seiten hat.

Wenn man selbst viele Jahre durchlebt hat, ändert sich diese Einstellung, besonders dann, wenn uns der Glaube an Gott und Christus auf eine Ebene gehoben hat, von der aus wir das Erdendasein im Lichte der Ewigkeit sehen als ein Wandern, von der vergänglichen in die unvergängliche Welt.

Diesem Wandern hat Gott von Anfang an einen Sinn und ein Ziel gegeben. Er will, daß wir einmal bei ihm sind. Nur taugen wir, so wie wir sind, nicht für das Reich Gottes. Zwar dürfen wir, so wie wir sind, zu Jesus, der die Sünder annimmt, kommen. Die Umgestaltung aber in das „Bild Gottes" ist, wenn wir ans Ziel kommen wollen, eine Notwendigkeit, der wir uns nicht entziehen können. In dem Gedicht „Der Mensch" wird der Prozeß des Reifens, der ein Leben lang dauert, so ausgedrückt:

> *„Wo Meisterhand*
> *dein Menschsein prägt,*
> *da halte stand!*
> *Der Späne schlägt,*
> *macht sich zum Weggefährten."*

Diese Umgestaltung steht unter dem Versprechen Gottes: „Ich will euch tragen bis ins Alter, und bis ihr grau werdet. Ich habe es getan, ich will heben und tragen und erretten" (nach Jesaja 46, 4).

Im Alter „geborgen" zu sein, wünsche ich Ihnen, der Sie dieses Buch zur Hand haben.

Die neuen Knospen, die schon deutlich an den Zweigen auf den neuen Frühling warten, vermehren noch den Eindruck, daß der Baum weiterleben wird. Er wird auch durch den Winter kommen.

Der, der den Baum durch den Winter hindurch am Leben erhält, wird nicht minder für seine Menschenkinder sorgen, die im Herbste ihres Lebens stehen.

Erinnerungen

Das Alter ist die Zeit des Erinnerns. Als ob sich der Lebenskreis schließen wolle, gehen die Gedanken durch die Jahrzehnte bis in die Jugendzeit und Kindheit zurück.

Jeder Mensch blickt im Alter auf das von ihm allein gelebte Leben zurück. Der eine hat eine glückliche, unbeschwerte Kindheit genossen, der andere hatte es in der Kindheit schwer. Der eine war umsorgt von liebenden Eltern, der andere mußte als Kind auf diese Liebe verzichten, war Halb- oder Vollwaise und wuchs vielleicht in einem Heim auf.

Da denken die einen an ihr Heimatdorf, an das Leben auf dem Bauernhof, an den fröhlichen Umgang mit den Tieren in Stall und Hof, wo der Heuduft vom Wagen herab in die Nase zog, an die Dorfgasse, durch die die Schwalben sich jagten, an die Beeren und Früchte, die, von Giften noch unberührt, genossen wurden, an den Schnee, der in der Nacht in aller Stille das

Der Herbstbaum

Jesus hat viel in Gleichnissen geredet. Der Herbstbaum kann uns gleichnishaft manches, was unser Alter betrifft, veranschaulichen.

Die grünen, saftigen Blätter haben sich verfärbt. Bald werden sie dürr sein und sich von den Zweigen lösen. Diese werden, samt den Ästen, schließlich kahl in die Luft schauen. Das Leben, das im Frühjahr und im Sommer in der Krone geherrscht hat, wird mehr und mehr verstummen. Kaum läßt sich ein Vogel im Gezweig mehr hören. Das Nest, aus dem die Jungen nach Nahrung geschrieen haben, ist leer. Die Blütenpracht und das Summen der Bienen gehören der Vergangenheit an. Vereinzelt hängen noch süße, ausgereifte Früchte am Baum, die aber auch zu Boden fallen werden. Kurzum: der Baum ist seiner Fülle beraubt. So empfindet auch der ältere Mensch etwas vom Schwinden der Lebensfülle bei sich selbst.

Nun aber soll auch gleich betont werden, daß ein neues Lebensgefühl an die Stelle des alten tritt. Neue Lebensqualitäten erschließen sich uns. Der kahle Baum kann uns das verdeutlichen. Er greift mit seinen Ästen und Zweigen, befreit von Blättern und Früchten, hinaus und hinauf ins Unendliche, so, als wäre das Ausstrecken nach dem Licht sein einziges Bestreben. Gleichzeitig flutet Licht in das kahle Gezweig hinein, wie es, als die Krone noch voll von Blättern hing, nicht sein konnte. Fast könnte man meinen, der Baum lebe in einem geistigen Bezirk.

Land, den Acker und den Wald mit einem weichen, weißen Schleier bedeckte, an das Schlitten- und Schlittschuhfahren, das noch echte Winterfreuden schenkte und an das Weihnachtsfest, das mit seinem Glanz die Kinderherzen beglückte.

Andere denken an ihre Kindheit in der Klein- oder Großstadt zurück. Sie haben sie nicht weniger genossen als die Dorfkinder. Jedes Kind, ob es auf dem Dorf oder in der Stadt aufwächst, entdeckt und genießt auf kindliche Art, was ihm an Personen, Spielgefährten, an Gegenständen, an Formen und Farben begegnet. Auch sie erlebten den Sonnenschein, die am Himmel dahinziehenden Wolken, den Wind, den Sturm, das Gewitter. Auch sie sehen sich später in der Erinnerung als Kinder spielen, sich im Park vergnügen, im See schwimmen, denken an die vielen kleinen und großen Erlebnisse, an die heiteren und traurigen. Vielleicht durften sie einmal auch auf dem Land ihre Ferien verbringen.

Die Heimat geht wie ein roter Faden bis ins Alter mit. Heimat kann die weite, wiesengrüne und ackerbraune Ebene sein, mitunter von Seen unterbrochen, das saftiggrüne Marschland mit den weidenden Kühen, die bienenumsummte Heide, das Küstenland mit dem angrenzenden Meer, über dessen Wellen die Möwen mit den Silberflügeln und dem so eigentümlichen Schrei sicher dahinfliegen, um sich wie selbstverständlich auf den Wogen niederzulassen und sich auf ihnen zu wiegen. Heimat ist verschieden geartet, aber immer bleibt sie Heimat. Das Mittelgebirge mit seinen Fichten und Tannen, mit seinem etwas rauhen Klima und den langen Wintern; dort wo der Wald noch seine würzige, ozonreiche Luft ungehindert ausströmte, wo man tief Atem holen konnte, wo die Handwerker Holz- und Spielwaren fertigten, wo die Rehe am Waldrand ästen — diese Mittelgebirgswelt nennt so mancher seine Heimat. Und die Hochgebirgswelt — wie könnten wir sie unerwähnt lassen! Wer hat sich nicht schon nach dem Leben auf einer Alm gesehnt, wo das Kuhglockengeläut wohltuend in den Ohren klingt, wo der Senn noch Butter und Käse bereitet und der Anblick der zum Himmel ragenden Berggipfel sich unauslöschlich einprägt und man ausrufen möchte: „O Gott, wie herrlich sind deine Berge!"

Mancher Mensch darf seine alten Tage in seiner angestammten Heimat verbringen. Viele aber mußten sie verlassen. Wen wundert es, wenn in ihnen die Bilder der Heimat besonders intensiv und farbig leben?

Der Prozeß des Alterns

Fast unmerklich vollzieht sich der Umwandlungsprozeß, und doch bleibt dem einzelnen der Vorgang des Alterns nicht verborgen, vor allem dann, wenn vermehrt kleinere oder größere Beschwerden auftreten. Es gibt freilich auch Personen, die in jüngeren Jahren krank, ja leidend waren und sich im Alter einer stabileren Gesundheit erfreuen.

Im allgemeinen erfolgt ein langsames Abnehmen der Kräfte. Der Lebenskreis wird enger. Die Krone am Lebensbaum wird durchsichtiger.

Diesen Prozeß des Alterns hat Gott in uns gelegt. Er ist so natürlich und von ihm gewollt, wie das Heranwachsen des Kindes zum Jugendlichen, wie das Werden von Mann und Frau.

Weil Gott es so geplant und er auch gesagt hat: „Ich will euch tragen bis ins Alter und bis ihr grau werdet", besteht kein Grund, daß wir uns gegen die Alterserscheinungen wehren. Wenn wir sie bejahen, werden wir ruhig bleiben können und nicht dem Wunsche nachhängen, wieder jung zu sein. Die Erde ist nicht der Ort, der uns ewiges, glückliches Leben in Aussicht stellt.

Denken wir vielmehr daran, daß wir uns in einem Umwandlungsprozeß befinden. Ein Neues soll aus dem Alten werden. Das Abnehmen der Kraft soll mit dazu beitragen, daß das neue Leben, das durch den Glauben schon keimhaft in uns schlummert, zunehmen kann. Unser Abnehmen bedeutet gleichzeitig ein Zunehmen. Johannes der Täufer sagte: „Er muß wachsen, ich aber muß abnehmen". Er meinte damit Jesus, der wachsen müsse, während er selbst, der Wegbereiter des Herrn, mehr und mehr in den Hintergrund treten müsse.

Das Zurückstehen des Täufers bestätigt, daß Gottes Geist in ihm war. Im Glauben an Jesus, den Gekreuzigten und Auferstandenen, der das ewige Leben in uns pflanzt und es in der Auferstehung zur vollen Geltung bringen wird, finden wir das Ja zu diesem Weg.

Niemals ist das Alter etwas Trauriges oder gar eine Strafe, im Gegenteil. Gott unterstreicht den Wert des Alters mit den Worten an Mose: „Vor einem grauen Haupt sollst du aufstehen und die Alten ehren und sollst dich fürchten vor deinem Gott; ich bin der Herr" (3. Mose 19, 32).

In allen Gebrechen und Leiden aber dürfen wir den Herrn um Linderung und Hilfe anrufen. Er läßt uns in diesem Prozeß, der mit Schmerzen und mit Loslassen verbunden ist, nicht allein. Er wird uns durchhelfen.

Krank

Im allgemeinen sieht der Mensch in der Krankheit ein Ereignis, von dem er so rasch wie möglich wieder befreit werden möchte. Kranksein bedeutet für ihn, da es die leibliche oder seelische Gesundheit antastet, das große Minus in seinem Leben.

Auch Gottesmänner blieben von der Krankheit nicht verschont. Von Hiob selbst erfahren wir: „Ich hoffte auf Licht, und es kam Finsternis. In mir kocht es und hört nicht auf; mich haben überfallen Tage des Elends. Ich gehe schwarz einher, doch nicht von der Sonne... Meine Haut ist schwarz geworden... und meine Gebeine sind verdorrt vor hitzigem Fieber" (aus Hiob 30, 26 – 30). David schreibt im 6. Psalm: „Herr, sei mir gnädig, denn ich bin schwach; heile mich, Herr, denn meine Gebeine sind erschrocken und meine Seele ist sehr erschrocken. Ach du, Herr, wie lange!... Ich bin so müde vom Seufzen; ich schwemme mein Bett die ganze Nacht und netze mit meinen Tränen mein Lager. Mein Auge ist trüb geworden vor Gram und matt, weil meiner Bedränger so viele sind."

Bei diesen Glaubensmännern verwandelte sich das Minus ihrer Leiden in das Plus der göttlichen Antwort. Von Hiobs weiterem Weg berichtet die Bibel mit folgenden Worten: „Und der Herr wandte das Geschick Hiobs, als er für seine Freunde Fürbitte tat. Und der Herr gab Hiob doppelt soviel, wie er gehabt hatte. Und es kamen zu ihm alle seine Brüder und alle seine Schwestern und alle, die ihn früher gekannt hatten, und aßen mit ihm in seinem Hause und sprachen ihm zu und trösteten ihn über alles Unglück, das der Herr über ihn hatte kommen lassen... Und er bekam sieben Söhne und drei Töchter... Und Hiob lebte danach hundertundvierzig Jahre und sah Kinder und Kindeskinder bis in das vierte Glied. Und Hiob starb alt und lebenssatt" (aus Hiob 42).

David, der von Leiden und Feindschaft heimgesuchte König, klammerte sich an den Herrn und warf sein Vertrauen zu ihm auch in tiefster Not nicht weg. Klage und Lobpreis finden sich oft im selben Psalm. Nur einer, der Gottes Durchhilfe immer wieder erfahren hat, kann so vertrauensvoll wie er beten: „Und ob ich schon wanderte im finstern Tal, fürchte ich kein Unglück; denn du bist bei mir, dein Stecken und Stab trösten mich" (aus Psalm 23).

Nun soll hiermit leibliche oder seelische

Krankheit nicht verherrlicht werden. Wir müssen aber lernen, sie von einer anderen Warte aus, als wir es gewöhnlich tun, zu sehen. Wenn wir sie vom Ziele her betrachten, werden wir unschwer den Sinn der Krankheit entdecken. Bei Hiob und David hat sie zweifellos die innere Reife gefördert.

Von Beethoven stammt das Wort:
„Die Kreuze im Leben des Menschen sind wie die Kreuze in der Musik: sie erhöhen."
Und das Wort eines anderen lautet:
„Oft führt Gott uns im Leid durch eine Tür, durch die wir sonst nicht gegangen wären."

Krankheit und andere Leiden setzen Kräfte frei. Sie sind nicht Endziel unseres Weges, aber eine weise Maßnahme des göttlichen Lehrers, solange wir auf dem Wege sind.

Die Schuld

So fröhlich und unbeschwert wie ein Kind möchten wir sein. Wir werden nicht fehlgehen, wenn wir die Ursache darin sehen, daß das Kind noch von keiner Schuld belastet ist.

Schuld trübt die Augen, legt sich wie ein Schatten auf den Gesichtsausdruck, hindert den natürlichen, unbeschwerten Gang und das fröhliche Sich-mitteilen. Sie stört die Verbindung mit Gott; sie läßt uns nicht ungehindert mehr teilhaben an der Gnade des göttlichen Lebens.

Schuld ist schwerwiegender als eine körperliche Krankheit. Jesus hat dem Gichtbrüchigen zuerst die Vergebung seiner Sünden zugesprochen und ihn dann leiblich geheilt. Seine Schuld war, von Gott her gesehen, das größere Übel.

Nun hat der Vater in seinem großen Erbarmen seinen Sohn in die Welt gesandt, damit er durch sein Leiden und seinen Kreuzestod die Schuld der Menschen auf sich nehme und ungültig mache. Die Schuld — auch die schwerste — hat er bezahlt. Bezahlte Schuld wird nicht mehr angerechnet.

Nun dürfen wir kommen, — er stößt keinen von sich —, und dürfen die ganze Last am Kreuz abladen. „Wenn eure Sünde auch blutrot ist, soll sie doch schneeweiß werden", spricht Gott in Jesaja 1, 18. Dieses Wort hat Gewicht, ist wahr, erfüllt sich an jedem, der es im Glauben annimmt. „Das Blut Jesu Christi, seines Sohnes, macht uns rein von aller Sünde", schreibt der Apostel in 1. Johannes 1, 7.

Etliche Schuld mahnt zum Wiedergutmachen. Im Grunde aber brauchen wir das große Wegräumen durch Gott selbst, so daß wir ungehindert wieder Zugang zu ihm und seinen Segnungen haben.

Eine Voraussetzung, die mit zur Befreiung von Schuld gehört, darf nicht unerwähnt bleiben. Es ist die Buße. Jesus selber sprach: „Tut Buße, denn das Himmelreich ist nahe herbeigekommen!" (Matthäus 4, 17) Die Buße wird vom Geist Gottes gewirkt. Sein Licht deckt den Schaden auf und läßt uns schmerzlich erkennen, daß wir Gott gegenüber und in vielen Fällen auch

Menschen gegenüber schuldig geworden sind. Diese Erkenntnis treibt uns dazu, uns von allem schlimmen, sündigen Denken, Reden und Handeln bewußt abzukehren.

Die Schriftgelehrten und Pharisäer hatten eine Ehebrecherin zu Jesus gebracht. Sie erwarteten seinen Schuldspruch; er aber vergab ihr, setzte jedoch hinzu: „Gehe hin und sündige hinfort nicht mehr!" (Johannes 8, 11)

Buße befreit. In der Wieskirche in Oberbayern steht ein Wort, das uns Mut zur Buße machen will: „Es wächst dem Christen, der da Buße tut, die Herrlichkeit Gottes entgegen." Auch als Christen bedürfen wir der täglichen Buße.

Gott sprach zum Propheten Hesekiel (18, 21–23): „Wenn sich aber der Gottlose bekehrt von allen seinen Sünden, die er getan hat, und hält alle meine Gesetze und übt Recht und Gerechtigkeit, so soll er am Leben bleiben und nicht sterben. Es soll an alle seine Übertretungen, die er begangen hat, nicht gedacht werden, sondern er soll am Leben bleiben um der Gerechtigkeit willen, die er getan hat. Meinst du, daß ich Gefallen habe am Tode des Gottlosen, spricht Gott der Herr, und nicht vielmehr daran, daß er sich bekehrt von seinen Wegen und am Leben bleibt?"

Gebet

Herr, *mein Gott,*
du kennst mich durch und durch

und weißt, wie ich es meine.
Du siehst bis in die tiefsten Tiefen meiner Seele.
So kann ich nichts vor dir verbergen.
Sieh alles an, auch, was mir bis heute
zu schaffen macht, das Finstere und Verwerfliche.
Es ist geschehen,
und ich kann es nicht mehr ändern.
Von Herzen reut es mich,
daß ich dich, Ewiger, betrübt,
dich, meinen Herrn, verleugnet habe.
O lösch die Sünde aus, wie man
mit einem Schwamm Geschriebenes löscht —,
und nimmer wär' sie da. Lösch aus die Schuld
mit deines Sohnes heiligem Blut,
daß sie mich nimmermehr belasten kann!
Zwar wird der Feind sich alle Mühe geben,
mich weiter zu verklagen.
Laß, Herr, das Kreuz des Sohnes
allzeit für mich sprechen!
Laß mich am Kreuz verweilen,
das zwischen dir und dem Verkläger steht!
Und er wird fliehen müssen,
weil deine Liebe in dem Sohn gesiegt hat.

Ich danke dir, daß du mich nicht verläßt,
daß du mich liebst, auch jetzt im Alter noch,
und daß in Jesus Christus,
deinem lieben Sohn,
ich bei dir bleiben darf.
Ich weiß, Herr, keine Macht
kann mich dem Arm deiner Liebe
mehr entreißen.

Jesus

Unzählige Menschen kennen Jesus nicht. Unzählige kennen ihn; aber die Ansichten über ihn sind verschieden. Man stuft ihn ein unter die Großen dieser Erde, vielleicht als großen Lehrer, als Heiligen, als Reformator der Gesellschaft, als Krankenheiler, als Idealist, oder auch als einen Menschen, dessen Lebenswerk schließlich gescheitert sei.

Eine große Zahl unter den Menschen anerkennt Jesus als den Sohn des lebendigen Gottes, als ihren Herrn und Heiland, mit dem sie spricht im Gebet, mit dem sie sich aufs innigste verbunden weiß in Freud und Leid, den sie von ganzem Herzen liebt und dem sie deshalb auch alles anvertraut, was sie bewegt, weil sie weiß, daß er die Seinen allezeit hört. Sie können David nachsprechen: „Der Herr ist mein Hirte." Und auch das Wort des Petrus ist ihnen aus dem Herzen gesprochen: „Wir haben geglaubt und erkannt: Du bist der Heilige Gottes" (Johannes 6, 69).

Ich bin davon überzeugt, daß im Grunde alle Menschen sich nach Jesus sehnen, weil er das Licht der Welt ist. Falsche Lichter überdecken diese Sehnsucht; aber alles Blendwerk der Welt kann denen, die in der Finsternis wandeln, nicht das geben, wonach sie verlangen. Die Sehnsucht, die Gott in die Herzen gelegt hat, bleibt. Die Neonlichter, die die Nacht zu erhellen versuchen, werden unbedeutend, sobald die Sonne, die den Tag bringt, im Osten aufgegangen ist.

Jesus ist die Sonne für den Menschen, für Geist, Seele und Leib. Johannes schreibt von ihm: „In ihm war das Leben, und das Leben war das Licht der Menschen. Und das Licht scheint in der Finsternis, und die Finsternis hat's nicht ergriffen" (Johannes 1, 4—5). Die Sonne hat auch noch eine andere Eigenschaft: sie wärmt. Sie ist ein Feuerball, dessen Wärmeenergie unerschöpflich ist. Jesus gibt uns die Wärme seiner nie auszuschöpfenden Liebe; darum finden wir bei ihm volle Genüge. (Johannes, 10, 10) Hier ist der Eine, der uns nie enttäuscht und uns seine Liebe nie aufkündigt, sondern Treue hält, auf die Verlaß ist. Er sagt selber: „Ein neues Gebot gebe ich euch, daß ihr euch untereinander liebt, wie ich euch geliebt habe" (Johannes 13, 34).

Jesus nannte sich das Brot des Lebens. Das heilige Brot, das sein Leib darstellte, ist die rechte Speise für uns. Seine Liebe ist in seinem Kreuzestod, da sein Leib für uns gebrochen und sein Blut für uns vergossen wurde, in ihrer ganzen Tiefe offenbart worden. Unsere Sünde vor Gott, dem Vater, verliert am Kreuz ihre Gültigkeit. Es ist des Vaters Wille, daß wir die Rettung so, wie sie durch seinen Sohn erfolgt ist, annehmen. Wer die Heilstat des Gekreuzigten annimmt, ist gerettet. Das Kreuz ist der dunkelste und zugleich der hellste Ort in der Geschichte der Menschheit; der dunkelste, weil die Sündenlast der Welt und die Macht des Bösen in diesen Stunden den Gottessohn zu erdrücken drohten, der hellste, weil seine Liebe — und sie schloß auch die Feinde mit ein — den Sieg über Tod,

Teufel und Hölle errang. Gott, der Vater, bestätigte den Sieg durch die Auferstehung seines Sohnes am dritten Tag. Der Sieg lag auf der Seite Gottes, auf der Seite des Lebens und auf der Seite des Himmelreichs. Jesu Leben war ein einziges Zeugnis für den Vater, für das ewige Leben, für das Himmelreich. Jesus lebt. Unser Glaube ist der Glaube an den lebendigen Christus. Das Wort der Bibel sagt, daß die Glaubenden in die Auferstehung Jesu mit hineingenommen sind. Jesus selbst hat gesagt: „Ich bin die Auferstehung und das Leben. Wer an mich glaubt, der wird leben, auch wenn er stirbt" (Johannes 11, 25). Christen warten auf ihn. Sie erfahren Wunderdinge unter seiner Herrschaft. Ihr Durst wird bei ihrem Herrn vollkommen gestillt. Sagte doch der Herr auf dem Laubhüttenfest: „Wen da dürstet, der komme zu mir und trinke! Wer an mich glaubt, wie die Schrift sagt, von dessen Leib werden Ströme lebendigen Wassers fließen" (Johannes 7, 37—38). Dies war ein Hinweis auf den heiligen Geist, den die Gläubigen empfangen sollten.

Im Jahre 1859 schrieb der aus dem Zuchthaus entlassene Schriftsteller Dostojewski an Frau Fomoisin u.a.: „Ich glaube, daß es nichts Schöneres, Tieferes, Sympathischeres, Vernünftigeres, Männlicheres und Vollkommeneres gibt als den Heiland." Denken wir daran, wie bei der Taufe Jesu durch Johannes den Täufer eine Stimme vom Himmel herab sprach: „Dies ist mein lieber Sohn, an welchem ich Wohlgefallen habe" (Matthäus 3, 17).

Der Abend

Dem arbeitsreichen, oft „heißen" Tag folgt der kühle Abend. Früher genoß man noch den Feierabend, den viele Menschen heute kaum mehr kennen. Oft nehmen wir die Unruhe noch in den Abend mit hinein; aber gerade jetzt gälte es, die Hast des Tages von sich abzustreifen und nachzudenken über Sinn und Ziel unseres Lebens.

Den Ruhestand können wir mit dem Feierabend vergleichen. Die Berufsarbeit liegt hinter uns. Wir verfügen über viel Zeit. Wir stehen nun mitten im Ersehnten.

Wer sich auf diesen Lebensabschnitt vorbereitet hat, wird leichter hineinfinden. „Ruhestand" heißt nicht, untätig zu sein. Einige Wochen lang nach der Berufstätigkeit, die viele sehr gefordert und gestreßt hat, darf es wohl sein, daß man sich ausschläft, ausruht und sich mit einer Lieblingsbeschäftigung entspannt. Nach einiger Zeit befriedigt diese natürliche Reaktion auf den Streß im Beruf nicht mehr: der Ruhestand muß gestaltet werden, ohne hartes Muß, aber doch mit angemessenen Pflichten.

Klug handelt, wer die vorhandenen körperlichen, seelischen und geistigen Kräfte noch in Anspruch nimmt. Dabei ist zu bemerken, daß gerade die geistigen Fähigkeiten noch wertvolle Aufgaben erfüllen können. Nicht wenige bedeutende Werke, von lebenserfahrenen, gereiften Menschen gestaltet, sind im Alter entstanden.

Es muß vor der Welt nicht bedeutend sein,

was einer schafft; aber er wird bestätigt finden, daß die geistige Kraft noch vorhanden ist. So mag es jede ältere Person auf ihre Art halten: die eine kann noch einer frei gewählten Tätigkeit nachgehen, die andere Briefe schreiben, Gedichte verfassen, oder auch einmal eine kleine Ansprache für ein Familienfest vorbereiten. Wir kannten eine betagte Frau, die dadurch geistig tätig war, daß sie noch Gesangbuchverse auswendig lernte.

Wer handwerklich oder künstlerisch begabt ist, könnte werken, basteln, Handarbeiten fertigen, zeichnen, malen, formen, musizieren; dies alles nicht nur zum eigenen Genuß, sondern auch zur Freude der andern.

Der eine hört gern Musik von Schallplatten oder Cassetten, der andere liest lieber ein Buch, etwa Lebensbeschreibungen von Frauen und Männern; einer sammelt Briefmarken, ein anderer vertieft sich in die Familienchronik. Lichtbilder mit herrlichen Naturaufnahmen können im Alter noch erfreuen, und Vorträge verschiedener Art können hilfreich sein. Es gibt so viele Möglichkeiten, nur weniges kann angedeutet werden. All dieses Tun sollte unsere Freude am Herrn nicht trüben; sie sollte unser Leben durchstrahlen und beglücken.

Neulich sagte mir ein achtundachtzigjähriger Bekannter im Altenheim, daß er jeden Tag noch eine Stunde spazieren gehe. Die körperliche Bewegung, soweit die Kräfte noch vorhanden sind, sollte nicht vernachlässigt werden. Vielleicht finden zwei Ältere zusammen, um gemeinsam spazieren zu gehen oder zu wandern. Glücklich das Ehepaar, das noch miteinander hinausziehen kann in Feld und Wald, das sich an dem munter dahinplätschernden Bach im Wiesental erquickt, von der Anhöhe die Aussicht genießt und gar noch – wenn die gesundheitlichen Voraussetzungen gegeben sind – eine Gebirgswanderung unternimmt.

Wer noch im Familienkreis wohnt, hat genug Gelegenheit, sich in Garten und Haus oder in der Landwirtschaft nützlich zu machen.

„Hat mein Leben noch einen Sinn?" wird mancher fragen. Auch jetzt ist sinnvolles Tun in reichem Maße möglich. Das Leben einer gebrechlichen Person ist nicht weniger sinnvoll, als das Leben einer rüstigen. Sie kann lieben und beten. Wer kann uns Größeres nennen?

Reicher Segen liegt auf dem regelmäßigen Lesen des Wortes Gottes. In Psalm 119, 82 lesen wir: „Meine Augen sehnen sich nach deinem Wort und sagen: Wann tröstest du mich?" Der Verfasser desselben Psalmes bekennt: „Dein Wort ist meines Fußes Leuchte und ein Licht auf meinem Wege" (Vers 105). In diesem Licht offenbart sich uns Christus, der Sohn Gottes, der unser Retter geworden ist. In ungezählten Fällen war es ein Bibelwort, das Menschen getroffen und ihr Leben grundlegend verändert hat. Immanuel Kant sprach von der Bibel als seinem edelsten Schatz, ohne den er elend wäre. Hören wir Jesus selbst: „Himmel und Erde werden vergehen; aber meine Worte werden nicht vergehen" (Matthäus 24, 35).

*Du liebst den Tag; so liebe auch die Nacht,
die, wie der Tag, der einen Macht entsprungen,
im tiefsten Dunkel noch von Licht
                     durchdrungen,
von ungezählter Sterne Glanz und Pracht.*

*Sie steigen, kreisen, und mit glüh'nden Zungen
lobpreisen sie des Schöpfers hehre Macht,
des Herrn, der Licht und Finsternis erdacht.
Sein Wort: „Es werde!" ist noch nicht
                     verklungen.*

*Die Nacht, Gebärerin des Tages, lebt.
Es keimt der neue Tag in dunkler Stille,
bis aus der Knospe seine Helle bricht.*

*Wann Leiden dir den schwarzen Schleier webt,
sei still! Gar bald zerreißt der Herr die Hülle
der Schleiernacht, und sieh! Du stehst im Licht.*

Im Altenheim

In der bäuerlichen Familie gab es das Problem, was mit Vater und Mutter in ihrem Alter geschehen solle, noch nicht. Es war selbstverständlich, daß sie auf dem Hof blieben, evtl. stand für sie das Ausdinghäuschen bereit. Aber auch wenn sie dort wohnten, halfen sie noch mit, soweit es ihre Kräfte zuließen. Versorgung und Pflege wurden von der jungen Familie übernommen. Natürlich gab es auch Fälle, wo das nicht gemacht wurde. Überwiegend aber sind die Beispiele der Achtung vor dem alten Elternpaar.

Was in den Bauernhäusern im allgemeinen heute noch praktiziert wird, das geschieht auch in nicht wenigen nichtbäuerlichen Familien. Jedoch ist jetzt schon vorauszusehen, daß in Zukunft die wachsende Zahl der älteren Mitbürger in ihren seitherigen Wohnungen nicht wird bleiben können. Diese Entwicklung zu untersuchen, soll jetzt nicht unsere Aufgabe sein; vielmehr wollen wir versuchen, dieser Tatsache Rechnung zu tragen und den betreffenden Personen verständnisvoll und aufmunternd zu begegnen.

Wir kennen das Sprichwort, daß man einen alten Baum nicht mehr verpflanzen solle. Er wird am neuen Ort nicht mehr anwachsen. So verstehen wir auch, daß das Wohnen in einem Heim oft eine harte Umstellung ist, aus der seitherigen heimatlichen Geborgenheit heraus noch einmal neu anzufangen. Es gibt aber nicht nur Verneinung unter den Heimbewohnern, auch sehr gute Erfahrungen werden gemacht. Für viele ältere Menschen bedeutet das Wohnen in einem Heim eine spürbare Hilfe.

Es sollte nicht vergessen werden, daß der aufopfernden Arbeit des Heim- und Pflegepersonals in jedem Falle — ob sich jemand daheim oder weniger daheim fühlt — volle Anerkennung und ehrlicher Dank gebührt.

Es soll nicht unerwähnt bleiben, daß fast nur alte Leute beieinander wohnen. Die Großmütter und die Großväter unter ihnen freuen sich, ihre Enkelkinder immer wieder zu sehen. Wie wohl tun diese Besuche! Kindergartengruppen könnten durch ihre Darbietungen manchen Bewohner ein wenig aufmuntern.

Das Altenheim bietet ein reiches Betätigungsfeld für einzelne und für Gruppen. Eine willkommene Abwechslung bringen Gesangsdarbietungen, verbunden mit einer Ansprache, durch die den Zuhörern die Frohe Botschaft von Jesus gebracht wird. Die Heimbewohner können aber auch selbst Andachten und Gottesdienste besuchen, die mehr als nur eine Abwechslung sind, in denen sie vielmehr aufatmen und Kraft schöpfen können.

Von Martin Buber stammt folgender Ausspruch: „Altsein ist ein herrliches Ding, wenn man nicht verlernt hat, was anfangen heißt." Könnte dieses Wort nicht ein Anreiz für manchen Heimbewohner sein, sich dem und jenem Mitbewohner aufmunternd und helfend zuzuwenden? Sicher ist noch genug Phantasie bei den Leuten vorhanden, mit der sich das Zusammenleben erleichtern ließe. Wer wäre nicht empfänglich für ein freundliches Miteinander?

Die entscheidende Wohltat und Zuwendung kommt von dem Herrn selbst. Sein Geleit wird oft lange nicht wahrgenommen. Sein Weg mit uns wird oft merkwürdig fremd empfunden. Wir möchten rasch wieder frei werden von Krankheit, Schmerz und Leid und denken meistens nicht daran, daß diese Wege erst den Prozeß des Reifens fördern und letztlich zum Guten hinführen. Paulus hat aus der Gefangenschaft den Philipperbrief, den Brief der Freude, geschrieben.

Bei ihm verwandelte sich das Unbegreifliche, Fremde, in echte Freude, so daß er im Brief ausrufen konnte: „Freuet euch in dem Herrn allewege, und abermals sage ich: Freuet euch!" (Philipper 4, 4)

Daß uns, o Vater, einmal nichts mehr trennt,
ist unsre Sehnsucht, die wir in uns tragen,
wenn wir beglückt auch von den Dingen sagen,
die unser Auge, unser Ohr erkennt:

Ein Wölkchen, das am Abendhimmel brennt,
zwei Kinderaugen, die getreu uns fragen,
die Biene, die da summt an Sommertagen,
ein Lied, gespielt auf zartem Instrument.

Du lässest uns der Tage stilles Glück,
wenn unser Herz zu dir nur immer findet.
Was unser Mund voll Inbrunst Liebe nennt,

tritt vor dem Letzten einmal still zurück,
wenn deine Liebe tiefer uns verbindet
und uns, o Vater, einmal nichts mehr trennt.

Das Leben wird kostbarer

Die kürzer werdende Spanne des Lebens läßt uns dieses noch kostbarer werden. Manchem wird jeder Tag, an dem er aufstehen kann, neu zum Geschenk. Daß er noch sehen und hören kann, wenn auch nicht mehr so gut wie früher, ist für ihn Grund, zu danken. Was er bisher als selbstverständlich ansah, ist für ihn auf einmal nicht mehr selbstverständlich. Auch sieht er deutlicher als zuvor, daß das Leben dauernder Bedrohung ausgesetzt ist. Er ist empfindsamer geworden für die Äußerungen des Lebens in seinen mannigfaltigen Formen. Er freut sich immer noch – vielleicht vertieft – an den Wundern der Schöpfung, an den gewaltigen, majestätischen, wie auch an den unscheinbaren und verborgenen. Noch das dürre Gras und das verwelkende Blatt sind ihm Zeichen der Schöpfermacht Gottes. Jeder Atemzug und jeder Pulsschlag lassen ihn erkennen, daß Gott das Leben will. Jetzt, da er der Ewigkeit so nahe ist, sieht er besonders klar die Verantwortung des Menschen dem Schöpfer gegenüber. Und er möchte, im Sinne Albert Schweitzers, sagen: „Habt Ehrfurcht vor dem Leben!" Und er möchte das auch selbst praktizieren.

Gereift

Das innere, gereifte Wesen eines älteren Menschen vermag der landläufige Begriff von Schönheit nicht zu erfassen. Der Sturm und die Glut des Leidens schufen neue Werte, die dem tiefer Blickenden nicht verborgen bleiben.

Alte Bäume mit dem hartborkigen, rissigen Stamm sind auf ihre Art schön. Wen hat nicht schon eine alte Eiche mit der weitausladenden Krone beeindruckt? Kraftvoll steht sie da, geprägt vom Überlebenskampf in den vergangenen Jahrhunderten.

Ist nicht auch in der Erscheinung des betagten Menschen etwas von Kampf und Überwindung zu sehen? Reife ist seine Zierde. Sie hebt das negativ Scheinende wieder auf.

Der heutige Mensch sieht aber nach der meßbaren Leistung: die jüngere Generation steht in seiner Gunst. Auch im Familienkreis verschieben sich die menschlichen Wertmaßstäbe. Diese Tatsache sollte den älteren Menschen nicht dazu verleiten, sich zu verteidigen. Stille, Geduld und Nachsicht werden eine nicht unwirksame Antwort sein.

Ohne Furcht

„Ohne Furcht älter werden" — greift diese Aussage nicht zu hoch? Kommt nicht immer wieder Furcht in unser Herz? Vielleicht finden wir den Schlüssel zur Furchtlosigkeit in dem Wort, das davon spricht, daß wir Gott fürchten und lieben sollen. Wir dürfen davon überzeugt sein, daß ein Leben in der Ehrfurcht vor Gott und in der Liebe zu ihm die Furcht aus unserem Herzen vertreibt. Mehr aber noch ist es die Tatsache, daß Gott Liebe ist und daß er uns zuerst geliebt hat, wie der Apostel Johannes in seinem ersten Brief schreibt. Dieses Geliebtwerden schafft Geborgenheit, die der Furcht keinen Raum mehr läßt.

Einen Tag vor seiner Hinrichtung (am 12. Oktober 1944) schrieb Oberst von Roenne an seine Mutter: „Ich selbst erwarte nun seit einer Woche von Tag zu Tag den Tod, jetzt z. B. für morgen. Und der Heiland hat in seiner grenzenlosen Gnade mich vollkommen von allem Grauen freigemacht. Ich bete und denke tagsüber ganz ruhig und fest ausschließlich an Ihn... Ich gehe früh und betend zu Bett, schlafe ruhig und fest die ganze Nacht wie ein Kind, und wende mich, erwachend, gleich Ihm zu und bin dabei innerlich völlig frei und, abgesehen von meinen Gedanken an meine kleine Schar, ein vollkommen glücklicher Mensch. Ja, ich weiß es, daß der Todesaugenblick zugleich der erste Augenblick in Seiner selgen Ruhe, im Gottesfrieden, ist. Diese Gedanken festhaltend, sehe ich seit Tagen der Abfahrt zu raschem Heimgang völlig ruhig und frei entgegen mit ganz stillen Gedanken und habe volle Zuversicht, daß das kurze, letzte Geschehen von Seiner unbeschreiblichen Gnade durchleuchtet sein wird."

> *Meine Seele ist stille zu Gott,*
> *der mir hilft. Denn er ist mein Fels,*
> *meine Hilfe, mein Schutz,*
> *daß ich gewiß nicht fallen werde.*
>
> Psalm 62, 2.3

Ein Herbsttag

Wir haben den Herbstbaum betrachtet und haben in ihm gleichnishaft den Herbst des Lebens gesehen. Durch das kahle Geäst sahen wir, wie nie zuvor, das Sonnenlicht in die Krone fluten.

Das schien uns als ein Hinweis auf den Vorrang des Geistigen im vorgeschrittenen Alter.

So wie ein Herbstbaum kann auch ein Herbsttag das Alter widerspiegeln. Wir erleben verschiedene Herbsttage: stürmische und stille, neblige und sonnige.

Wir wollen uns einen sonnigen Herbsttag, so wie ihn Friedrich Hebbel (1813 — 1863) in einem Gedicht dargestellt hat, vergegenwärtigen:

> *Dies ist ein Herbsttag,*
> *wie ich keinen sah!*
> *Die Luft ist still,*
> *als atmete man kaum,*
> *und dennoch fallen,*
> *raschelnd, fern und nah,*
> *die schönsten Früchte*
> *ab von jedem Baum.*
>
> *O stört sie nicht,*
> *die Feier der Natur!*
> *Dies ist die Lese,*
> *die sie selber hält;*
> *denn heute löst sich*
> *von den Zweigen nur,*
> *was vor dem milden Strahl*
> *der Sonne fällt.*

An solch einem Tag durchströmt der Friede das Land. Kein Sterblicher hat ihn geschaffen: Gott, der Schöpfer, hat ihn als köstliche Gabe gesandt.

Möchte der Mensch nicht selbst auch solchen Frieden haben? Empfinge er ihn, bedeutete das mehr als nur Freisein von Stürmen, mehr als bequeme Ruhe, als Stimmung – es bedeutete, daß der Friede Gottes als Realität in ihm wohnte, und daß er heiter und gelassen sein könnte, selbst noch bei Angriffen vom Widersacher oder von Menschen.

In diesem Frieden blieb Jesus in den bittersten Anfeindungen und Schmerzen; in ihm konnte er den Feinden vergeben.

Und nimmer werden wir dich ganz
begreifen.
Das letzte, das noch bleibt, wird nie uns
kund;
und würden wir noch tausend Jahre
reifen,
wir fänden nicht des Wesens letzten
Grund.

Wenn wir mit unsern Herzen dir gehören,
so sei's genug. Was uns dein wahrer
Mund
verkündet, Herr, wird uns zum reichen
Fund,
zum Golde, das kein Feuer kann
zerstören.